Autoren-Team Sültz auf Sylt

DER KLEINE

SYLT REPORT

Teil 4/2017

BoD - Books on Demand

Norderstedt 2017

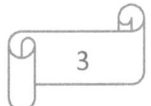

Bibliografische Information durch die Deutsche Nationalbibliothek

Die Deutsche Nationalbibliothek verzeichnet diese Publikation in der Deutschen Nationalbibliografie; detaillierte bibliografische Daten sind im Internet über http://dnb.dnb.de abrufbar.

Herstellung und Verlag:

BoD – Books on Demand, Norderstedt

ISBN 9-78374-4-82225-1

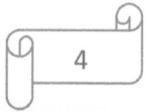

4

Heute mit diesen Themen:

Urlaubstipp: BIBLIOTHEK WESTERLAND

Seit Mai 2016 hat die Sylt-Bibliothek in Westerland wieder geöffnet. Es stehen rund 15000 Medien für Leser und Besucher zur Verfügung. Das Schöne ist, wir sind mit „SÜLTZ BÜCHER" dabei. Fitus, der Sylter Strandkobold, hat die begehrte Tür geöffnet und ist nun auch im Verleih zu finden. Auch für Sehbehinderte und Hörgeschädigte liegt ein Angebot bereit. Und überhaupt, die Bibliothek ist für Gehbehinderte und Rollstuhlfahrer gut zu erreichen. Behinderten-Parkplätze sind ausreichend vorhanden.

Die Bibliothek ist sehr gut bestückt. Von DVD's, Musik-CD's, Hörbüchern, Romanen, Sachbüchern bis zu Gesellschaftsspielen ist alles und noch mehr für Groß und Klein zu finden.

Öffnungszeiten: Mo, Di, Do, Fr: 10-13 Uhr und 15-18 Uhr

Mi und Sa: 10-13 Uhr

Anschrift: Sylt Bibliothek, Stephanstr. 6B, 25980 Westerland

<u>Urlaubtipp: Ziele auf Sylt mit Handicap erreichen</u>

Sylt mit dem Fahrrad zu erleben, ist Natur pur. Das Gleiche gilt für Wanderungen und Ausflüge. Wer aber, so wie ich, auf den Rollstuhl angewiesen ist, kann nicht alles auf der Insel erleben. Unser Buch „Sylt mit dem Rollstuhl erleben" zeigt Ihnen alles Wissenswerte, wie Telefonnummern, Parkplätze und Bilder der Sehenswürdigkeiten. Alles nach dem Ampelprinzip. Entscheiden Sie selbst, ob Sie das Ziel erreichen können. Hier nun ein kleiner Auszug aus dem Buch:

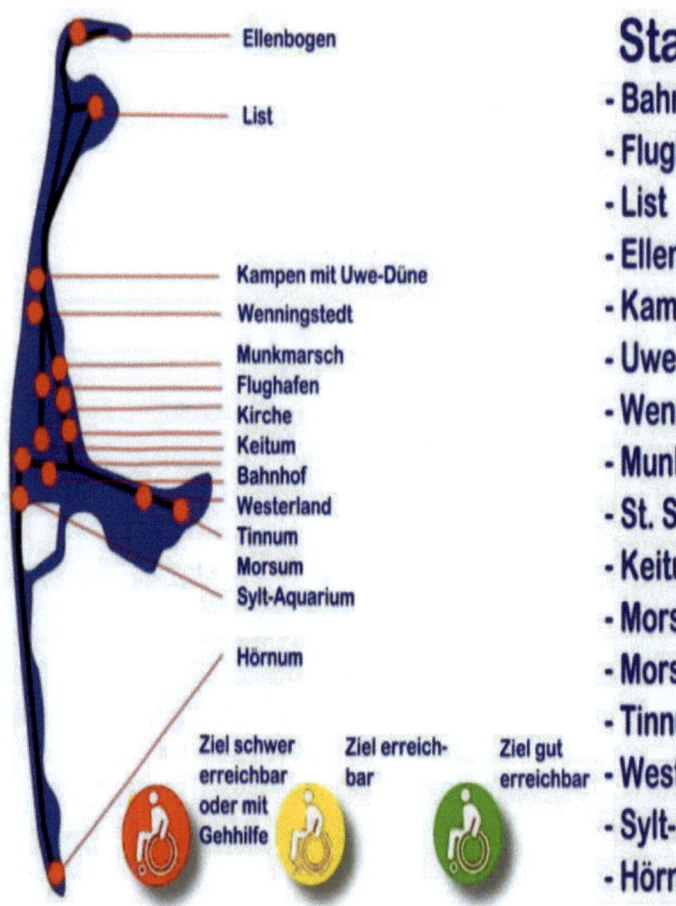

Ellenbogen

List

Kampen mit Uwe-Düne

Wenningstedt

Munkmarsch

Flughafen

Kirche

Keitum

Bahnhof

Westerland

Tinnum

Morsum

Sylt-Aquarium

Hörnum

Ziel schwer erreichbar oder mit Gehhilfe

Ziel erreichbar

Ziel gut erreichbar

Start:

- Bahnhof Westerland
- Flughafen Westerland
- List
- Ellenbogen
- Kampen
- Uwe-Düne
- Wenningstedt
- Munkmarsch
- St. Severin Kirche
- Keitum
- Morsum Eisboot
- Morsum Kliff
- Tinnum
- Westerland
- Sylt-Aquarium
- Hörnum

Viel Spaß
auf Sylt!

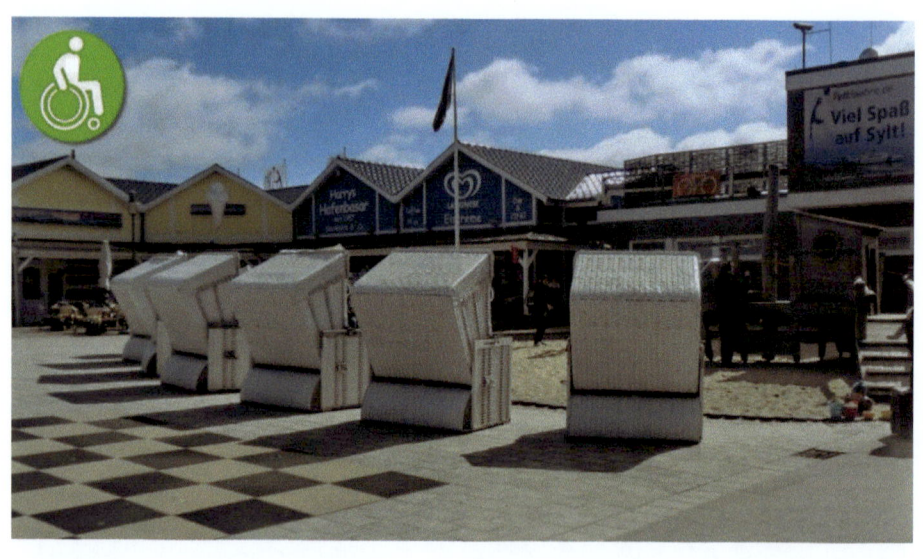

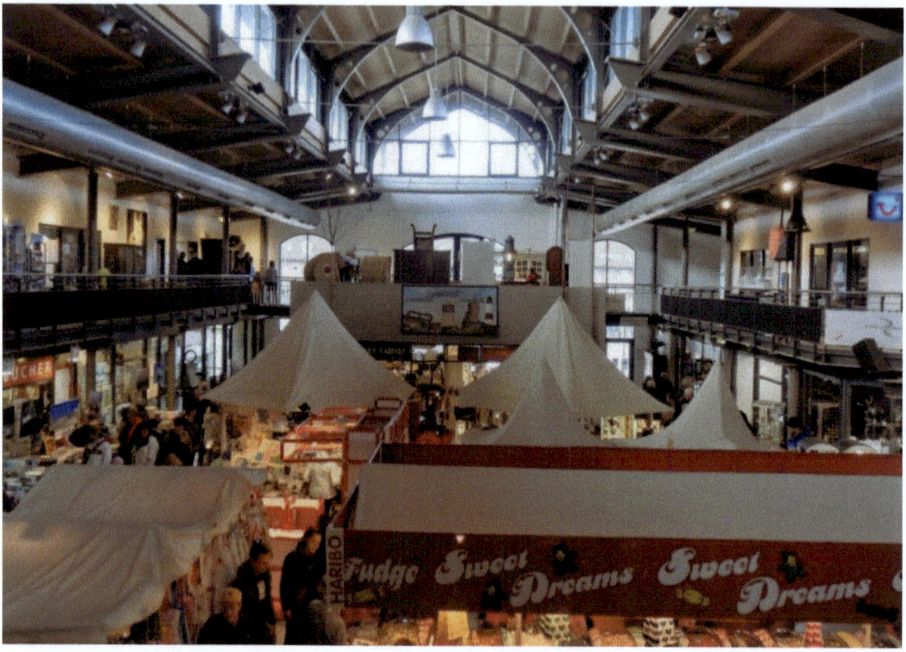
HARIBO
Fudge Sweet
Dreams
Sweet
Dreams

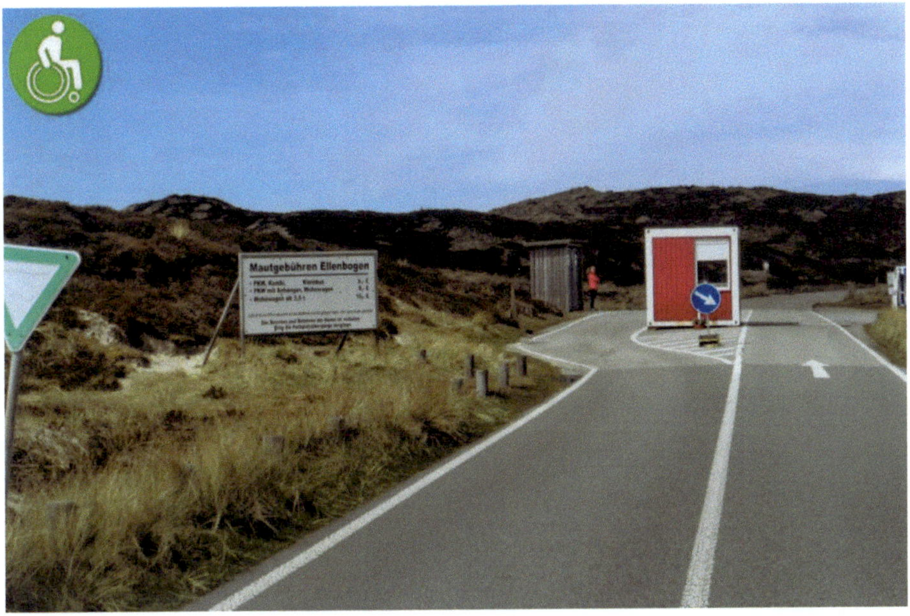
Mautgebühren Ellenbogen

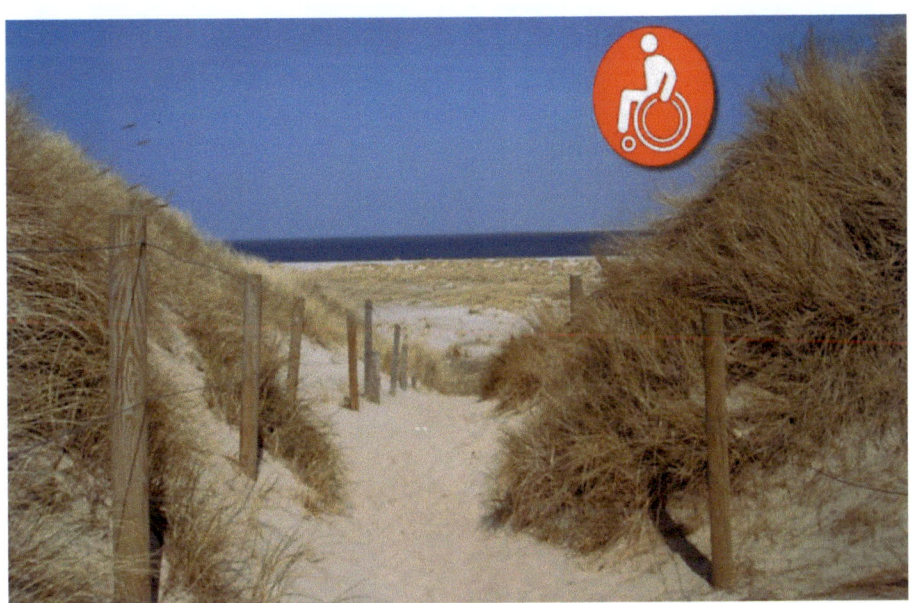

**Bäckerei und Konditorei
Jürgen Ingwersen**

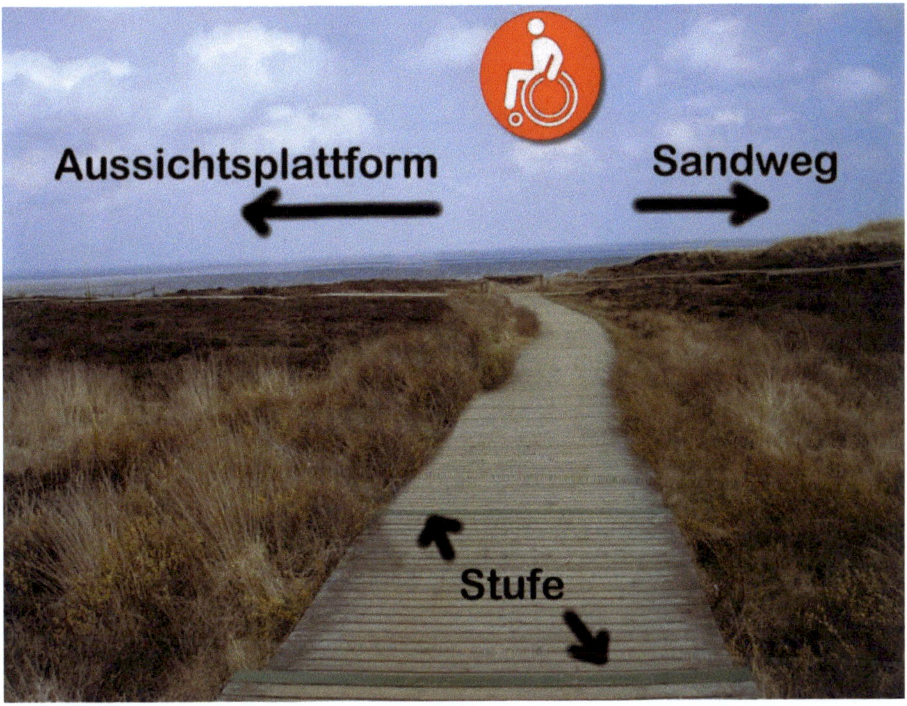

Aussichtsplattform

Sandweg

Stufe

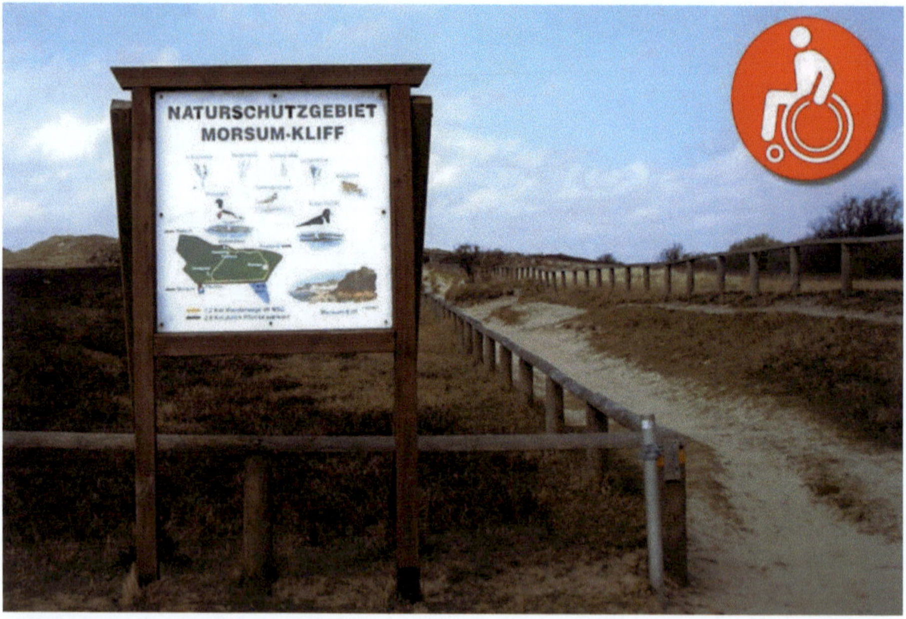
NATURSCHUTZGEBIET
MORSUM-KLIFF

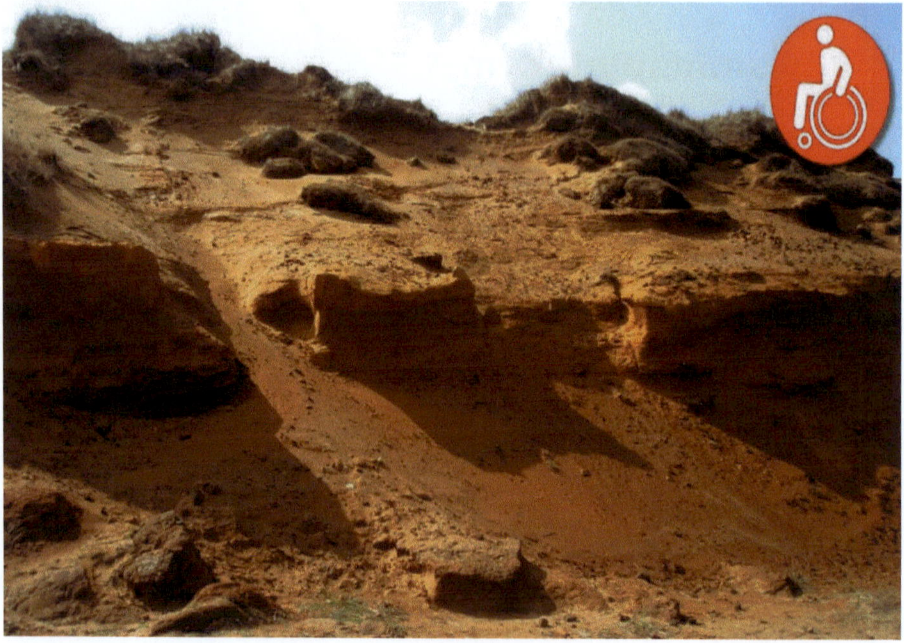

Was Onkel Koli aus Tinnum noch wusste

Woher hat der FKK-Strand Abessinien seinen Namen?

Wer die Freikörperkultur liebt, der ist in Abessinien auf Sylt gut aufgehoben. 1,5 Kilometer ist der Weststrand bei List lang. Sie erreichen ihn, von Westerland kommend, in Richtung List auf der Listlandstraße fahrend, wenn Sie am Abzweig Richtung Weststrand abbiegen und auf die Beschilderung „Parkplatz Abessinien" achten.

Und woher kam der Name?

1935 lief bei einem Sturm der französische Frachter Adrar bei Buhne 31 auf Grund. Der Kapitän verweigerte das Betreten des Frachters. Damals plante Italien einen kriegerischen Angriff auf Abessinien, dem späteren Äthiopien. Man vermutete, dass der Frachter Waffen für Italien geladen haben könnte. Später stellte sich dies aber nicht heraus, aber der Name Abessinien blieb für diesen Strandabschnitt erhalten.

Ein kleiner Kuss in Ehren, aber hier nackig machen? Neee... dann gehen wir lieber in List ein Eis essen ;-)

Abessinien

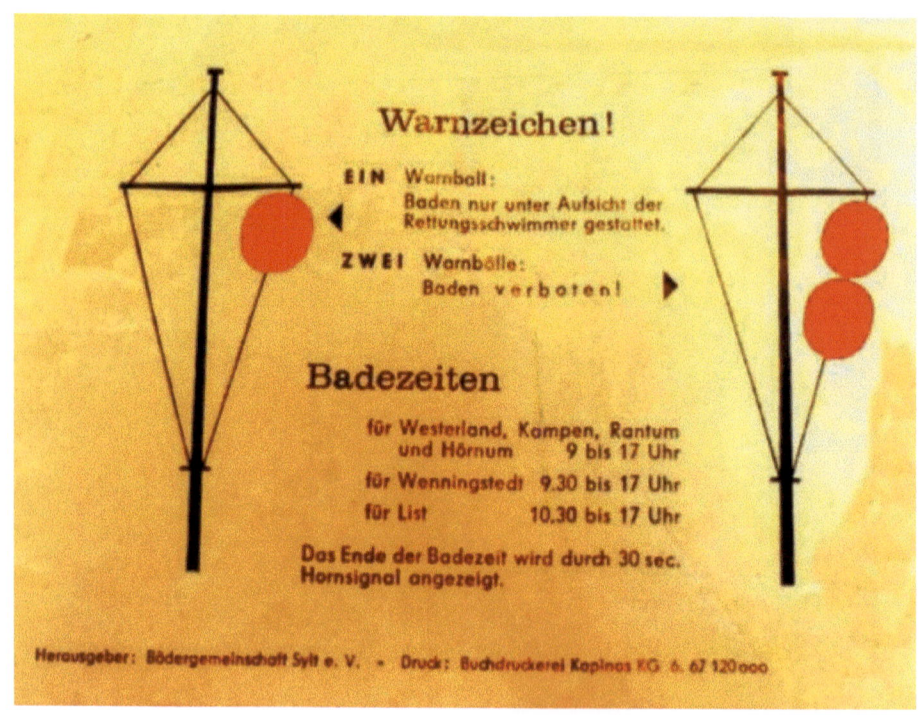

Was sind Badekarren?

Sylt hat ein heilendes Reizklima. Was bedeutet das? Die stärkste Brandung aller deutschen Meeresküsten gibt es auf Sylt. Die gewaltige Wucht der Wellen erzeugt ein Sprühregen aus Meeressalzen und Spurenelementen. Diese gesundheitsfördernde Wirkung wollte der Landvogt Werner van Levetzau Sylt-Gästen zugänglich machen und so stellte er 1885 erste Badekarren und Umkleidezelte auf.

Was ist Jöölboom?

Ein Jöölboom (Sylter Friesisch) ist eine Variante des Weihnachtsbaumes. Auf sylt wird er auch Sylter Friesenbaum genannt.

Der abgebildete Jöölboom ist von Annegret Matthiesen aus Niebüll. Sie stellt ihn in Handarbeit her.

<u>*Was ist das für ein Sender gegenüber der Sansibar?*</u>

Dieser Sender wurde 1963 von den USA errichtet (United States Coast Guard). Genannt Loran-Station Sylt. Die Station wurde errichtet, um zusammen mit anderen Stationen in Europa den Transportweg zwischen den USA und Europa zu sichern. Am 1.1.1995 wurde die Station an Deutschland übergeben. Koli trägt heute noch die Weste mit dem Button, schließlich war er dabei.

Um nicht nur von Navigationssystemen, wie GPS, abhängig zu sein, kamen viele europäischen Länder zusammen und richteten ein gemeinsames System ein, LORAN-C-SYSTEM. Es wird die genaue Position zur See, zu Land und in der Luft bestimmt.

Sültz-Bücher   Eigentum Koli

Onkel Koli erzählt von der Sylter Inselbahn:

„Vom dänischen Hafen Hoyerschleuse aus trafen die Inselgäste im Hafen Munkmarsch auf Sylt ein. Um diese Gäste nach Westerland zu bringen, wurde die Ostbahn gebaut und ab 1888 eröffnet. Gäste, die über Helgoland nach Hörnum auf Sylt kamen, wurden ab 1902 von der Südbahn nach Westerland gebracht. Ab 1903 fuhr die Nordbahn von Westerland nach Kampen. 1908 ging es dann bis List.

Als 1915 die Verbindung zwischen dem Südbahnhof und dem Nord/Ost-Bahnhof in Westerland fertiggestellt wurde, bestand nun eine Verbindung zwischen dem im Süden gelegene Hörnum und dem im Norden gelegene List.

Der alte Südbahnhof lag etwa an der heutigen Käpt'n-Christiansen-Straße. Die Trasse in Westerland ist der heutige Bahnweg. Etwa zwischen dem Fernsehturm, der neuen Post und dem Rathaus war das Bahngelände mit Nord/Ost-Bahnhof und den Werkstätten.

1923 wurden beide Bahnhöfe geschlossen. Der neue
Bahnhof ZOB wird in Betrieb genommen (Zentraler
Omnibus-Bahnhof). 1927 wird die Ostbahn geschlossen,
da der Hindenburgdamm die Überfahrt Hoyerschleuse
nach Munkmarsch überflüssig macht. Mit der Zeit
wurden die Fahrten immer unrentabler. Außerdem
entsprachen die in den losen Sand gebauten Schienen
nicht mehr den Sicherheitsansprüchen.

Die Fahrten wurden von Bussen übernommen. Die
letzte Fahrt der Inselbahn fand im Dezember 1970
statt. Die Trasse der Inselbahn ist heute zum größten

Teil ein Wanderweg. Die Achsen erinnern am Bahnhof in Westerland an die Sylt-Bahn."

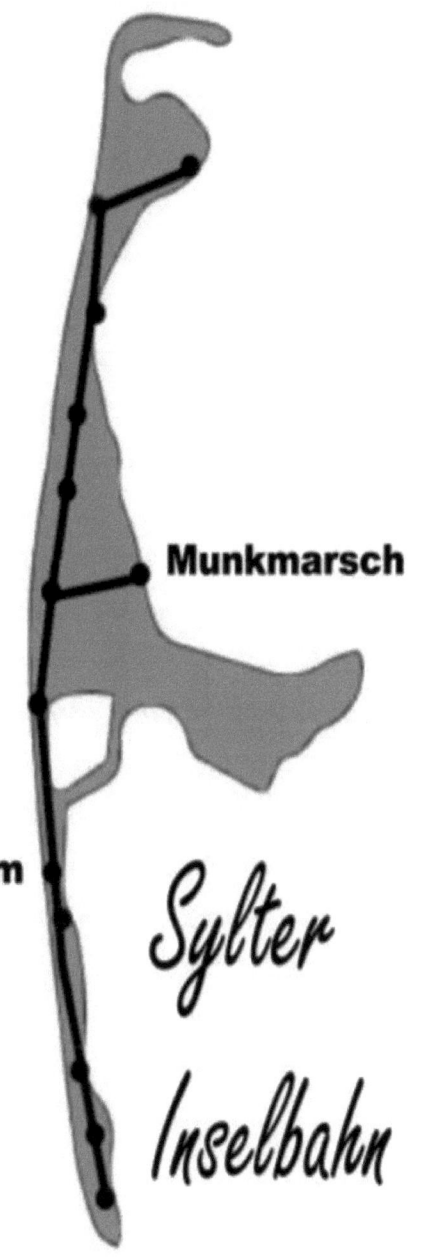

List
Klappholttal

Vogelkoje

Kampen
Wenningstedt
Westerland

Dikjen-Deel

Seeheim Rantum
Rantum

Puan-Klent'
Hörnum-Nord
Hörnum

Munkmarsch

Sylter

Inselbahn

Die Straße der Höflichkeit:

„Die Inselbahn war bis 1935 die einzige Verbindung zwischen Rantum und Hörnum. Alle Lebensmittel, Post usw. wurden so nach Hörnum gebracht.
Danach erhielt Hörnum einen Anschluss an das Straßennetz. Diese Straße war Einspurig und bestand aus Betonplatten. Man kann sich das wie eine Fahrt über die alte Panzerstraße in List vorstellen.

Es gab nur alle 200 Meter Ausweichbuchten. Oft musste rückwärts zurückgesetzt werden. Nicht selten landete ein Fahrzeug auch im Sand und musste herausgeschleppt werden.

1961 wiesen dann hohe Stangen auf diese Ausweichbuchten hin. Die Fahrer nickten zum Dank oder winkten dem Wartenden zu. Daher der Name „Straße der Höflichkeit". Als 1970 die Inselbahn verschwand wurde die Strecke zweispurig ausgebaut."

Das alte Wappen der Gemeinde Sylt-Ost:

„Entworfen von Hubertus Jesse.
Es zeigt einen Hering, die Sonne und 5 Sterne. In der
oberen Hälfte ist das Wappen in Gold, unten in Blau.

Die Sonne erinnert an die Sonnenaufgänge über dem Wattenmeer.

Die fünf Sterne stehen für die Teilgemeinden Keitum, Tinnum, Archsum, Morsum und Munkmarsch.

Der Hering wurde als Siegel von der Sylter Landvogtei bereits im 17. Jahrhundert geführt.

Alles ist in den alten friesischen Farben gehalten.

Das Wappen war bis Ende 2008 gültig, danach schlossen sich die Gemeinden Sylt-Ost und Rantum mit Westerland zu einer neuen Gemeinde zusammen."

Das Morsumer-Eisboot

„1996 wurde am Ortseingang ein Boot mit Besatzung aufgestellt. Es handelte sich dabei um das Eisboot, das bis 1923 im Winter die einzige Möglichkeit war, um Medikamente, Post und Lebensmittel vom Festland zu holen. Um Sylt herum war alles zugefroren. Die Besatzung paddelte zwischen den Eisschollen zum Festland. Oft musste das Boot übers Eis gezogen werden. 2016 wurde das alte marode Boot gegen ein neues ausgetauscht. Das Eisboot ist ein herrlicher Blickfang von Morsum."

Das Megalithgrab Harhoog

„Das Grab wurde zwischen 3000 v. Chr. und 2500 v. Chr. in der Kupfersteinzeit errichtet. Es lag zwischen Keitum und Tinnum auf einer Anhöhe. Für den Bau des Hindenburgdammes benötigte man viel Sand. Dabei wurde das Grab freigelegt. Als dann der Sylter-Flughafen erweitert wurde, wurde das Grab verlegt. Heute können wir das Grab am Watt in Keitum besichtigen."

SYLT mit dem Rollstuhl erleben
Informationen und Bilder nach dem Ampel-Prinzip
200 Seiten   160 Farbfotos

"Moin und willkommen auf der Insel!"

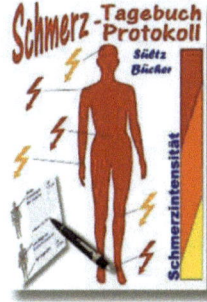

Herzlichen Dank für Ihr Interesse!
Renate Sültz
Uwe H. Sültz
und Gastautor Koli
aus Tinnum. Ohne seine
Erinnerungen gingen
viele Geschichten
verloren.